AF440368

RÉUNION D'ÉTUDES SOCIALES

DE

LA JEUNESSE ROYALISTE DE PARIS

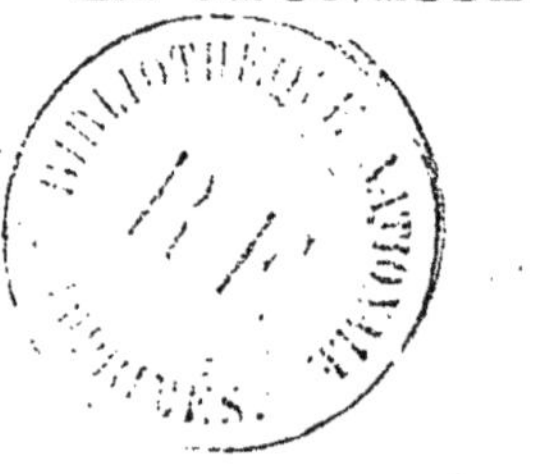

NOTE SUR L'INDIVIDUALISME

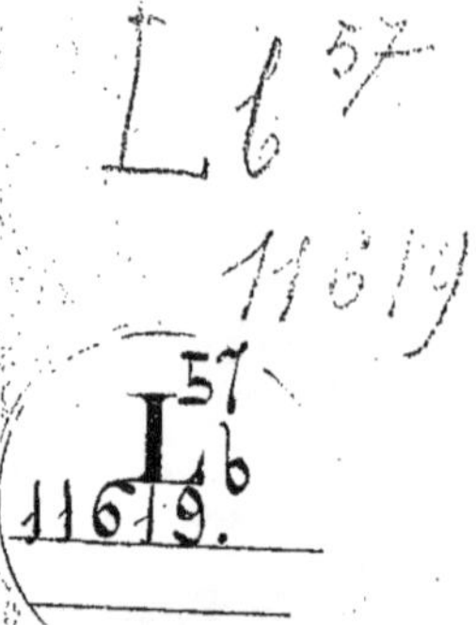

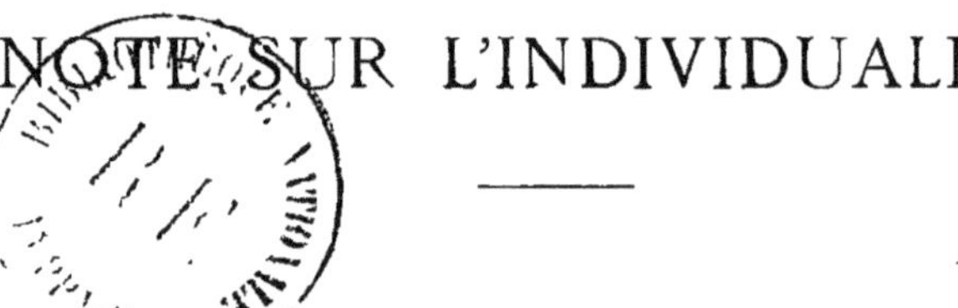

NOTE SUR L'INDIVIDUALISME

Droits individuels.

Toute société chrétienne organisée comporte soit une hiérarchie distincte, soit une coordination des divers éléments qui constituent le corps social, et dont les droits se limitent réciproquement sans que jamais aucun d'eux puisse être illimité.

Au milieu de la corruption et des abus de l'ancienne société française organisée, les droits de l'individu avaient périclité ; les justes réclamations des « cahiers de 89 » concernant en particulier la liberté individuelle, les excès de la centralisation et les abus des monopoles d'association, en font foi. Mais ces cahiers ne demandaient nullement le régime individualiste.

De l'individualisme.

L'individualisme est une conception de la philosophie du xviiie siècle plaçant dans l'homme le principe et la source de tous les droits et tendant à supprimer tout autre élément social que l'individu et l'Etat.

Cette conception est antichrétienne puisqu'elle méconnaît les droits de Dieu sur la société, et antisociale puisque l'observation des faits conclut que l'élément essentiel de la société est la famille.

La doctrine individualiste a pris corps dans la déclaration des droits de l'homme et s'est infusée dans la société française par l'esprit général du Code civil (1) et spécialement par les lois concernant le régime successoral et les dispositions du Code pénal proscrivant tout exercice du droit d'association.

Conséquences de l'individualisme.

Dans l'ordre politique la doctrine individualiste mène à la souveraineté de l'individu qui conduit à celle de la somme des individus, c'est-à-dire du nombre. Celle-ci conclut à l'anarchie après avoir passé par le parlementarisme et le césarisme qui sont l'opposé du gouvernement représentatif avec ses responsabilités effectives et, suivant l'expression d'Henry V. « ses réalités fécondes ».

C'est l'individualisme qui a proclamé comme un dogme la séparation des pouvoirs (au lieu de maintenir leur distinction) et en a fait la base du constitutionnalisme parlementaire moderne, car la souveraineté du nombre, lorsqu'elle n'exagère pas le pouvoir comme dans le césarisme, le désarme comme dans le régime parlementaire.

Dans l'ordre moral, l'individualisme a diminué l'individualité en oblitérant le sentiment de la responsabilité qui vient plus du caractère et de l'éducation que de l'intelligence, et a contribué ainsi à détremper les âmes françaises. Sous ce rapport, les conséquences ont été moins promptes a se faire sentir, en raison des réserves d'énergie accumulées par les générations précédentes. Puis, tant que, dans ce siècle, la religion catholique a été honorée et relativement libre (2), elle a pu lutter dans une certaine mesure contre le fruit naturel de l'individualisme, qui est l'égoïsme, et en atténuer certaines conséquences. Mais après vingt ans de règne officiel de la maçonnerie, les conclusions extrêmes commencent à se dessiner par le divorce dans le présent, et par l'égalité des sexes et l'union libre dans l'avenir.

Dans l'ordre social, l'individualisme a produit l'affaiblissement des liens de famille, par une diminution inévitable du respect, et de la force de l'éducation, et la rupture des liens sociaux en général,

---

(1) « Une nation chrétienne ne peut pas impunément déchirer les pages « séculaires de son histoire, rompre la chaîne de ses traditions, inscrire « en tête de sa constitution la négation des droits de Dieu, bannir toute « pensée religieuse de ses codes et de son enseignement public. » (Lettre du comte de Chambord du 8 mai 1871.)

(2) On ne peut considérer comme libre la situation créée à l'Eglise par les articles organiques qui interdisent les conciles nationaux et synodes.

avec les obligations qui en découlent. La conséquence en a été, dans l'ordre économique, l'écrasement des faibles.

Dans l'ordre économique, en effet, l'individualisme s'est formulé par la doctrine dite *libérale* ou *des économistes*, née des conceptions des physiocrates, et d'après laquelle les intérêts économiques sont régis par des lois naturelles qui suffisent à les mettre en harmonie. Dans cette conception toute matérialiste, ou tout au moins indifférente aux intérêts moraux et à la justice, le traitement du travailleur est forcément subordonné au libre jeu des intérêts matériels (1).

Les découvertes de ce siècle ayant amené une révolution économique dans le monde civilisé et donné au développement soudain et violent de l'industrie un caractère international, il se créa ainsi, par l'activité des intérêts déchaînés, un milieu particulièrement favorable à l'application de la doctrine individualiste du « laisser faire », c'est-à-dire du « chacun pour soi ». En même temps se créait par le développement de la puissance capitaliste juive, dans les pays les plus riches, une spéculation tendant à concentrer de plus en plus les capitaux dans quelques mains et à peser par les opérations fictives de l'agiotage sur les prix réels des marchandises, et par conséquent sur le salaire de l'ouvrier, soumis dès lors sans contrepoids aux fluctuations d'une concurrence sans frein.

Dans sa *lettre sur les ouvriers*, en 1865, le comte de Chambord a peint à grands traits la situation ainsi faite à la classe ouvrière.

« L'assemblée constituante ne se contenta pas, *ainsi que l'avaient*
« *demandé les cahiers*, de donner plus de liberté à l'industrie, au
« commerce et au travail ; elle renversa toutes les barrières, et au
« lieu de dégager les associations des entraves qui les gênaient, elle
« prohiba jusqu'au droit de réunion et à la faculté de concert et
« d'entente...

« La liberté du travail fut proclamée, mais la liberté d'associa-
« tion fut détruite du même coup. De là cet *individualisme* dont
« l'ouvrier est encore aujourd'hui victime. Condamné a être seul,
« la loi le frappe s'il veut s'entendre avec ses compagnons, s'il veut
« former pour se défendre, pour se protéger, *pour se faire repré-*
« *senter*, une de ces unions qui sont de droit naturel, que com-
« mande la force des choses, et que la société devrait encourager
« en les réglant...

---

(1) M. Léon Say a dit dans un discours public en 1895, à la Société des agriculteurs de France, que l'économie politique n'avait rien à voir avec la morale. M. Yves Guyot enseigne actuellement la même thèse dans ses conférences et ajoute que l'égoïsme étant la base de l'économie politique, il n'y a pas à discuter avec les chrétiens et altruistes qui veulent qu'on tienne compte de la morale et de la justice en cette matière.

« L'individu, demeuré sans bouclier pour ses intérêts, a été de
« plus livré a une concurrence sans limites, contre laquelle il n'a
« eu d'autres ressources que la coalition et les grèves...

« En même temps se constituait par le développement de la
« prospérité publique une espèce de *privilège* industriel qui,
« tenant dans ses mains l'existence des ouvriers, se trouvait investi
« d'une sorte de domination qui pouvait devenir oppressive et
« amener par contrecoup des crises funestes. Il est juste de re-
« connaître qu'il n'en a pas abusé autant qu'il l'aurait pu... »

Quant à ce dernier point visé par la lettre royale, il est vrai de
dire que beaucoup d'abus du privilège industriel sont venus des
nécessites de la concurrence sans frein créée par le régime de
l'économie libérale, qui souvent imposait au patronat de produire
en ne payant que des salaires insuffisants ou de renoncer a produire.

L'individualisme conduit au socialisme.

Depuis que le Comte de Chambord écrivit sa lettre sur les ouvriers,
le mouvement socialiste, qui n'existait encore qu'à l'état théorique
s'est propagé rapidement dans les masses ouvrières, faisant mieux
ressortir ainsi les conséquences économiques de l'individualisme.

Ce mouvement était inévitable; la logique des principes du
libéralisme, aussi bien que celle des faits économiques, résultant
pour une part de l'application de ces principes, devait forcément
le faire naître.

Serrant, en effet, les conséquences à tirer de la *déclaration des
droits de l'homme*, la vraie charte de l'individualisme, les socialistes concluent que l'homme étant la source de tous les droits, la
religion ne saurait être autre chose qu'une affaire individuelle, que
la morale est indépendante de toute religion, qu'en un mot il n'y
a pas de lois divines gouvernant la société et ses membres. Ils font
sortir de là une conception de la société toute matérialiste. ce qui
est une des bases du socialisme.

En outre, la souveraineté du nombre conduit logiquement à
celle de l'Etat, et par une pente toute naturelle au socialisme
d'Etat dans lequel le gouvernement actuel nous entraîne presque
sans difficulté, préparant ainsi le terrain au collectivisme.

(1) Les doctrines socialistes qui ont pu se produire dans les sociétés
anciennes n'ont qu'un intérêt archéologique, de même de celles plus
récentes de Thomas More, qui du reste n'ont pas eu d'application.

Mais sur le terrain [des principes économiques, les socialistes refusent d'admettre certaines conséquences de l'individualisme.

Les libéraux disent : « la liberté du travail est de droit naturel », et les socialistes répondent que c'est le droit à l'existence, le droit au travail et le droit au repos qui sont de droit naturel, que le produit est fait pour l'homme et non l'homme pour le produit, et que le prétendu droit égal pour tous à la liberté du travail, n'est que la liberté pour le capitaliste d'exploiter le besoin du travailleur.

On ne peut nier que dans l'état actuel de la société, ces critiques n'aient un réel fondement.

En résumé, le socialisme s'est développé, comme effet d'une réaction contre les maux économiques causés par l'individualisme. Il accuse la bourgeoisie d'avoir fait la révolution a son profit politique et social et pour édifier des fortunes au détriment des classes ouvrières, en les livrant à la double concurrence que les capitaux se font entre eux, et que le capital fait au travail. Ses fondateurs ont donc imaginé un régime dans lequel l'individu serait considéré comme un rouage irresponsable de la société, à laquelle reviendrait immédiatement la charge de tirer parti de ses moyens et de fournir à ses besoins. C'est un retour à l'esclavage, non plus à la charge d'un maître, mais a celle de l'Etat.

On conçoit dès lors combien cette perspective répugne aux favorisés de la fortune et combien elle semble pourtant préférable pour les prolétaires au régime créé par l'individualisme qui, s'il leur laisse peu de liberté, ne leur donne aucune sécurité. Il leur semble que l'Etat sera un bon maître, parce qu'eux-mêmes en seront les maîtres et que la suppression des existences oisives et de tout parasitisme diminuera de beaucoup la somme moyenne de travail à répartir sur tous les citoyens valides.

Des remèdes à opposer aux dangers du socialisme et aux maux causés par l'individualisme.

En face des maux créés par l'individualisme, d'une part, et de ceux qui nous menacent de l'autre par le flot montant rapidement du socialisme, les royalistes ont à étudier, au point de vue du rétablissement de la monarchie, les problèmes posés par cette situation redoutable.

Ces problèmes ont une double face. Ils sont, par certains côtés, internationaux, et touchent à la question d'une législation internationale du travail, question dont le Comte de Paris suivait les phases diverses avec le plus grand intérêt, ainsi qu'il l'a témoigné dans sa correspondance et dans l'allocution qu'il adressa a la délégation ouvrière venue à Scheen-House en 1888.

« Quand la France sera en monarchie, disait Philippe VII, l'Europe verra que sa parole ne risquera plus d'être désavouée par un caprice des électeurs ou des élus, elle traitera avec nous les graves questions économiques et sociales qui l'intéressent tout entière si vivement.

« Le gouvernement actuel n'est pas assez sûr de lui-même et de son crédit pour les aborder. Aussi n'a-t-il pas répondu aux avances d'une vieille République amie proposant l'étude des règlements internationaux relatifs aux heures de travail des adultes dans certaines professions. En effet, on ne pourra chercher la solution de ces questions si délicates, que le jour où la plupart des nations Européennes seront d'accord pour assurer en même temps a certains produits de leur travail une protection commune... (1) ».

Ils sont, par d'autres côtés, uniquement nationaux, et c'est sous ce rapport que nous avons plus spécialement à les examiner.

Nous sommes éclairés pour cela par le Saint-Siège, qui, dans l'Encyclique sur la condition des ouvriers, s'est dégagé de toute solidarité avec l'économie individualiste, en rappelant que la question du travail doit être dominée par la loi morale dont l'Eglise est la gardienne, et en traçant, à cet égard, avec l'autorité que lui donne cette mission, les obligations des pouvoirs publics, des patrons et des ouvriers

Au point de vue plus particulièrement politique et social, les grandes lignes nous sont tracées par le Comte de Chambord et le Comte de Paris. Ces deux princes sont d'accord pour déclarer que la destruction de l'ancien régime étant un fait définitif, c'est sur la base de l'égalité civile qu'il faut chercher les remèdes nécessaires à notre société démocratique.

Ils indiquent l'association et la décentralisation comme indis-

(1) Ayant écrit à Monsieur le Comte de Paris au sujet de son discours a la députation ouvrière, il daigna me répondre : « ...Je sentais qu'il fal-
« lait dire quelque chose qui s'adressât spécialement aux ouvriers en
« leur montrant ce que la monarchie seule peut essayer de faire pour
« eux. Je n'ai évidemment fait que poser des jalons. Je n'ai pu dire ni
« tout ce que je pense, ni tout ce que j'espère faire un jour. Mais ceux
« qui se croient liés par leurs paroles ne peuvent parler qu'avec une
« extrême prudence de ce qu'ils auront à faire dans des circonstances
« qu'on ne saurait encore prévoir. Le mot que j'ai tenu à dire cepen-
« dant sur la possibilité d'une réglementation internationale des heures
« de travail a jeté l'alarme parmi ceux de mes amis qui tiennent à l'école
« dite des *économistes* ; mais j'espère que les ouvriers l'entendront et
« s'en souviendront, car c'est ce qui les touche le plus. » (Lettre du 10 septembre 1888 publiée le 10 septembre 1895, par la *Gazette de France.*)

pensables pour retrouver les vieilles libertés que 89 nous a fait perdre et « émanciper » économiquement les classes ouvrières.

Jetant un coup d'œil sur l'avenir, le Comte de Chambord entrevoit, dans sa lettre sur les ouvriers, comme fruit de l'exercice du droit de l'association, la constitution d'un régime corporatif en harmonie avec l'état démocratique du pays, c'est-à dire une formation de la société en corps professionnels, pouvant servir de base au régime représentatif et apportant à notre société réduite en poussière par l'individualisme et la bureaucratie, une organisation dont l'effet serait, au point de vue politique, de permettre à la nation d'arriver a s'administrer elle-même et a contrôler son gouvernement, suivant les principes de notre vieux droit national; au point de vue économique, de porter remède dans la mesure du possible aux maux causés par l'individualisme et, en donnant au moyen de l'association, à la classe ouvrière, toute l'indépendance économique compatible avec les conditions essentielles du travail à notre époque, de la détourner des fausses promesses du socialisme.

La pensée dominante du Comte de Paris, pendant ses dernières années, sur la question sociale, était de concentrer ses efforts sur le droit d'association. « La liberté, disait-il, dans ses instructions de 1887, est avant tout le respect des faibles ». S'il évitait de se prononcer sur l'établissement d'un régime corporatif, comme conséquence de la liberté d'association, il en indiquait cependant implicitement la possibilité comme désirable. « La large pratique de « l'association est un besoin des sociétés démocratiques saines et « vigoureuses; car elle est le correctif de leur principal défaut, le « morcellement des forces vives, l'isolement des individus, l'affai- « blissement de la tradition, l'extinction de l'esprit de corps. Les « associations librement formées doivent *représenter*, en groupant « les forces et les individus, en perpétuant la tradition et l'esprit « de corps, *les intérêts divers d'ordre moral et matériel*, en face « de la pure loi du nombre qui est la forme moderne d'un despo- « tisme vieux comme le monde. » (*Une liberté nécessaire*, page 3).

Et après la publication de cette étude, le Prince daignait écrire au modeste auteur de la présente note : « ..... Quant aux purs con- « servateurs, je savais bien que je les effaroucherais; mais je tenais « justement, sur une aussi grave question, à ne pas rester solidaire « de leur politique d'autruche qui les conduira aux abîmes, s'ils y « persistent (1). »

Ne soyons donc pas de « purs conservateurs », mais des roya-

« (1) Dès 1869, le Comte de Paris disait dans la préface des *Associations ouvrières en Angleterre* : « Nous trouvons un grand intérêt à suivre le « développement des associations ouvrières, parce qu'il faut d'une part

listes osant, suivant les conseils de nos rois, aborder ces questions sociales si intimement mêlées a la politique et auxquelles un parti dont la raison d'être est de préparer l'avenir de la France ne saurait se dérober. Il pourra nous arriver d'inquiéter, chemin faisant, quelques retardataires de nos amis, mais nous serons sûrs, en marchant dans cette voie avec prudence, de travailler non seulement au rétablissement de la monarchie de Philippe VIII, mais à la gloire de son règne.

F. DE PARSEVAL

« envisager sans illusion les dangers qui peuvent naître d'un *fait désor-*
« *mais nécessaire*, et, de l'autre, parce que malgré ces dangers, nous
« sommes convaincu que ce développement peut être utile non seule-
« ment à ceux qui en attendent une légitime amélioration de leur sort,
« mais à la société tout entière. »

Paris — Imprimerie G. Picquoin, 53 Rue de Lille